© 2017, Karine Poyet

Edition : BoD - Books on Demand
12/14 rond-point des Champs Elysées, 75008 Paris
Imprimé par Books on Demand GmbH, Norderstedt, Allemagne
ISBN : 9782322101320
Dépôt légal : décembre 2017

POYET KARINE

La symbolique des rêves en songe tome 5

Table des matières

Songe de rabbin 17
Songe de racine..18
Songe de radio..21
Songe de raisin...24
Songe de rat..27
Songe de râteau..31
Songe de renard..33
Songe de repas..37
Songe de reproche 40
Songe de réveiller..41
Songe de réveillon...43
Songe de révolver 44
Songe de rire...46
Songe de rivière...49
Songe de riz..53
Songe de rouge 56
Songe de rouge à lèvre 57
Songe de ruban 59
Songe de sable 63
Songe de sablier 67
Songe de sabre..69
Songe de sacrifice 72

Songe de salaire...74
Songe de salamandre 76
Songe de salière...78
Songe de salle de bain...80
Songe de salle de classe..82
Songe de salle de sport...84
Songe de sang..85
Songe de sanglier...91
Songe de sapin...95
Songe de saut...98
Songe de sauter..100
Songe de sauterelles..102
Songe de sauver...105
Songe de savon...107
Songe de sceau...109
Songe de sceptre..111
Songe de scie...112
Songe de scorpion..114
Songe de sculpture..117
Songe de secrétaire..118
Songe de séparation...119
Songe de serpent..121
Songe de serrure..129
Songe de singe...132

Songe de sirène 135
Songe de ski 137
Songe de sœur 139
Songe de soleil 142
Songe de sorcellerie 145
Songe de tabac 149
Songe de talisman 153
Songe de tapis 155
Songe de tarot 160
Songe de tasse 162
Songe de tatouage 164
Songe de taureau 166
Songe de taxi 170
Songe de téléphone 172
Songe de télévision 175
Songe de tempête 176
Songe de testament 179
Songe de tirage 182
Songe de trou 183
Songe de troupeau 186
Songe de tuer 189
Songe de tulipe 193
Songe d'ulcère 197
Songe d'uniforme 199

Songe de univers 201
Songe d'université 202
Songe d'usine 204
    Interprétations des rêves en songes volume 1: NOIR ET BLAN 209
    LIRE LE MARC DE CAFÈ LA CAFÈDOMANCIE 211
    Europa sont propriétaire Lampert Alexandre 211
    Pluton sont propriétaire (Pluto) 211

Vous aimeriez comprendre vos Rêves et interpréter les signes et symboles de vos nuits ?

Vous vous réveillez le matin et vous avez encore ses brides de rêve qui vous reste dans la tête cette image persistante.

Il faut savoir que de nombreux psychanalystes ont révélé le caractère symbolique des différentes apparitions dans les rêves.

Avec cet ouvrage fini le pressentiment qu'il y a quelque chose que vous oubliez, ayez un temps d'avance sur votre destinée.

L'interprétation des Rêves permettra de comprendre votre destinée et les symboles mystiques qui nous sont donnés par nos anges de lumière.

Le rêve dans l'Antiquité on parlait de rêve, comme je l'écrive dans mon précédant ouvrage.

C'est après un long travail journalistique et littéraire, que je me suis aperçu qu'il fallait reprendre les définitions des Rêves, à leurs origines.

Après un premier travail j'ai pu remettre ceci au goût du jour.

J'ai tout de suite dû me rendre à l'évidence que je ne pourrais publier cet ouvrage en un seul exemplaire.

Car il aurait compté plus de 1200 pages !

Donc en définitif j'ai préféré l'éditer sous la forme de Tome.

Remercîment

Vous n'échouerez sans doute jamais autant que moi !

Certains échecs dans la vie sont inévitables c'est impossible de vivre sans échouer à un moment donné.

A moins que vous viviez en étant si attentif que vous en oubliez carrément de vivre ?

Et dans ce cas vous avez échoué d'avance !

Mrs J.K Rowling

Songe de rabbin

Songe de rabbin vous invite à la prudence.

Songe de rabbin et l'être en rêve, signifie : prenez garde.

Songe de rabbin et lui parler, signifie : que l'on vous donnera un bon conseil.

Songe de rabbin peut être un présage de gains important.

Songe de rabbin est également un signe de chance.

Songe de racine

Songe de racine symbolise les liens, les attaches, c'est aussi un symbole phallique.

Songe de racine représenta les origines et un sentiment d'implantation dans le sens de (prendre racine) ou de (couper le mal par la racine).

Songe de racine d'arbre, signifie : amitié ancienne, solide et indestructible.

Songe de racines et rechercher les siennes en rêve : est un signe de générosité.

Voir une ou plusieurs racines en rêve vous met en garde : contre le désordre de votre vie, mais si vous savez les détruire, vous parviendrez à une situation dont la force et la sécurité seront parfaites.

Songe de racine, révèle : chez le rêveur ou la rêveuse un attachement profond et inaltérable aux valeurs morales.

Songe de racine et en manger en rêve, annonce : une bonne santé.

Songe de racine indique : que vous obtiendrez une bonne situation.

Ramasser des racines en rêve : est un présage d'économie.

Trouver une racine en rêve, indique : que vos rentrées financières ne seront pas celles que vous attendiez.

Songe de racine et trébuchez sur celle-ci en rêve, signifie : que vous devrez tenir vos promesses.

Déterrer une racine en rêve, révèle : que vous avez besoin d'élucider, un mystère qui vous concerne.

Songe de racine indique : que votre excellent jugement et votre habileté vous feront accéder à une situation brillante.

Ce rêve de racine signifie aussi qu'un peu d'ordre dans vos affaires ne nuirait pas.

Songe de radio

Songe de radio peut être un message de votre subconscient, tentez de décrypter ce que vous entendez.

Une radio éteinte peut révèle : un refus d'aider autrui.

Songe de radio et faire une émission de radio en rêve, annonce : une aventure sentimentale passionnée.

Songe de radio et en animer une en rêve, indique : un amour partagé.

Une radio en panne, indique : qu'il faudra bientôt changer vos habitudes.

Songe de radio et parler à la radio en rêve, annonce : que vous révèlerez vos sentiments à qui veut l'entendre.

Songe de radio et l'écouter dans un rêve, annonce : une période de plaisir et de gaité.

Songe de radio avec un son tonitruant, prédit : une période chargée de désordre.

Songe de radio et entendre une radio en rêve, annonce : une bonne nouvelle.

Songe de radio et l'éteindre en dans votre rêve : révèle un sentiment incompréhension.

Offrir une radio à quelqu'un en rêve, signifie : que vos problème intime doivent rester secret.

Une radio en panne, indique : qu'il faudra bientôt changer vos habitudes.

Songe de raisin

Songe de raisins blancs indique : une victoire d'amour-propre et Songe de raisin rouge, prédit des contrariétés pour vous-même.

Jeter du raisin en rêve : est un présage de soucis, tristesse.

En manger, annonce : profits et joies.

Songe de raisins noirs indique que des ennemis vous espionnent.

Songe de raisins verts prédit : des contrariétés d'ordre ménager.

Songe de raisin blanc, est : un symbole de pureté et d'innocence.

Songe de raisin noir, : est synonyme de reproches.

Cueillir du raisin en rêve : peut signifier gains et avantages.

Le raisin noir peut également être : un présage de deuil et le raisin blanc un signe de fiançailles.

Songe de raisin et les manger dans leur maturité, annonce : joie, profit, jouissances et voluptés, mais les manger verts est signe de petite contrariété suivie d'un grand profit.

Songe de raisin sec : c'est une perte, des soucis ou de l'amertume.

Les fouler aux pieds en rêve annonce : une victoire sur ses ennemis.

Songe de raisin sec peut aussi révéler une frustration.

Songe de raisin prédit souvent l'abondance, une année fructueuse ou la réussite assurée.

Songe de rat

Songe de rat représente le doute, la cupidité, la culpabilité et l'envie, il signale également un profond malais, le rêveur est dans une période difficile, les contradictions ou les doutes le bousculent.

La peur du rat est universelle et ancestrale, mais irraisonnée.

Songe de rat révèle parfois que le rêveur a le sentiment angoissant d'être grignoté de l'intérieur.

Ce rêve peut être déclenché par le fait d'avoir commis une action honteuse socialement.

Songe de rat est annonciateur d'une baisse de moral importante.

Songe souvent de rats est très mauvais, c'est, selon les anciens, un signe de malaise véritable au point de vue de la santé, il faut surveiller sa santé.

En dehors de ce cas spécial, le rêve n'est ni agréable ni bénéfique, il y a sans doute autour de vous des personnes malintentionnées et assez fourbes, en outre, vous ne devriez pas mener votre vie d'une façon irrationnelle, vos dépenses ne concordent pas avec vos ressources, vous vous donnez du mal sans discernement, ce qui fait que vous ne gagnez pas ce que mérite votre peine, heureusement il y a dans votre famille quelqu'un qui connait les principes de l'économie.

Songe de rat blanc : annonce que vous recevrez de l'aide de façon inattendue.

Songe de rat blanc peut aussi prédire un bonheur intense.

Songe de rat mort et en voir chez soi est : pour certains, un signe de chance et de bonheur.

Songe de rat et en voir en grand nombre est : annonciateur d'une période difficile et de pauvreté.

Songe de rat et en attraper un : vos projets seront réalisés.

Songe de rats et être attaqué par eux prédit : que vous perdrez de l'argent.

Songe de rat et en tuer annonce : le triomphe sur vos adversaires.

Songe de rat et être attaqué par un rat signifie : impuissance et tristesse.

Si vous vous transformez en rat dans votre rêve cela signifie : que quelqu'un tente de vous transmettre un message secret.

Songe de râteau

Songe de râteau annonce que vous passerez à côté des bonnes affaires sans les voir, alors ayez donc plus d'énergie.

Songe de râteau prédit que vous répondrez favorablement à une demande d'argent qui ne vous sera jamais rendu.

Songe de râteau est également un signe de bonheur paisible.

Ce rêve de râteau peut aussi annoncer un entretien familiale intéressé.

Songe de râteau révèle que vous rêvez, enfin, à avoir un peu d'ordre.

Songe de râteau est synonyme de demande d'argent.

Ce rêve vous invite à changer au plus vite votre entourage.

Songe de râteau signe : de nouvelles perspectives à venir.

Songe d'utiliser le râteau comme une arme indique : que vous devez faire attention à vos affaires.

Songe de renard

Songe de renard symbolise la ruse, l'intelligence, et l'ingéniosité, des qualités qui sont peut-être les vôtres, ou alors vous cherchez à vous dissimuler et à être très discret sur votre façon de vivre.

Mais le renard de votre rêve est un animal qui selon la légende connaît les détours et les ruses de votre inconscient.

Vous ne pouvez lui mentir, c'est pourquoi ce rêve est plein de sagesse.

Songe de renard peut symboliser une personne de votre environnement qui est rusée et sournoise.

Songe d'un renard qui passe par votre fenêtre indique : que vous devez vous méfier des faux amis.

Songe de renard peut également signifier : que vous vivez un temps de solitude.

Songe de renard est un rêve d'avertissement, si vous avez tendance à toujours ruser : il faut vous méfier, cela vous jouera un très mauvais tour.

Il y a aussi dans votre entourage des gens cauteleux (habiles et méfiants), rusés et qui seront plus forts que vous.

Ce rêve indique une ruse dont vous serez la victime.

Le tuer : victoire sur ses ennemis.

Songe de renard s'enfuyant : ennemis rusés et irréconciliables.

Songe de renard apprivoisé : abus de confiance, entreprise malheureuse ou amours mal placés, vos amis ou vos collègues abusent de la bonté de votre cœur.

Songe de renard et se battre contre lui signifie : ennemi cauteleux et rusé.

Embûches et tromperie.

Songe de renard et suivre sa piste, signale : que vous pourriez être impliqué dans une affaire douteuse.

Si un renard s'est faufilé dans votre maison en rêve : cela vous met en garde contre les envieux et les jaloux.

Voir un renard en rêve prédit un amour trompeur.

Songe de renard et être mordu par lui est l'indice : de perte d'argent ou de mauvaise affaire.

Songe de renard et l'attraper en rêve prédit : un désaccord dans le ménage.

Songe de renard et le tuer : vous vous débarrasserez de vos adversaires.

Songe de renard et le chasser : attention aux voleurs.

Entendre un renard dans votre rêve indique : annonce la malveillance.

Songe de repas

Songe de repas, est un symbole de d'apport de forces vitales et d'accroissement d'ordre psychique.

Songe de repas et se voir à table en rêve présage : souvent une invitation qui va vous être faite.

Songe de repas le servir et être seul à table, annonce : que vous ne devez être guère riche ou guère généreux.

Songe de repas et être à deux pour le prendre est annonce : l'affection tendre du couple voir de la famille souvent le contexte.

Songe de repas entre amis peut également annoncer : une visite en perspective.

Songe de repas est un aussi un présage de surprise.

Songe de préparer un repas : est un signe d'économie et de sagesse.

Si vous Songe que vous ne pouvez manger votre repas : cela annonce des ennuis et la solitude.

Songe de grand repas et se voir à table en rêve présage : souvent une invitation qui va vous être faite.

Songe de repas funèbre prédite : que vous ferez bientôt un geste qui vous honorera particulièrement.

Songe de repas de famille, annonce : une réconciliation.

Songe de repas annonce souvent une réunion de famille, ou un mariage prochain.

Songe de repas en nombreuse société, prédit : que vous ferez de folles dépenses et vous vous livrerez à des excès.

Songe de reproche

Songe de reproche et en faire une en rêve, annonce que vous serez victime d'irrégularité.

Songe de reproche, si c'est vous qui le faite : alors cela prédit un magistral camouflet.

Songe de reproche et si au contraire c'est vous qui le subissez en rêve, indique la réussite et le succès.

Songe de reproche et être la cible d'un reproche en rêve : est un présage de conflits sur le plan du travail.

Songe de reproche et en faire en rêve, signifie : que vous serez la cible de médisances.

Songe de réveiller

Songe de réveiller et Songe qu'on s'éveille, représente : un avis que votre incertitude dans la vie vous est préjudiciable.

Songe de réveiller et qu'on éveille quelqu'un : de bons avis vont vous être donnés, à vous d'en faire votre profit et de les discerner des mauvais conseils.

Songe de réveiller un inconnu ou une inconnue : prédit de querelles relationnelles.

Observer le réveille de quelqu'un en rêve : prédit une rupture amicale.

Songe de réveiller et Songe que l'on se réveille, annonce : que vous prendrez d'utiles décisions et ferez preuve d'un ferme esprit d'initiative.

Songe de réveiller et vouloir se réveiller en rêve : est un présage de chance et e réussite.

Songe de réveiller une personne aimée, signifie : que votre fermeté et votre autorité, éviteront de graves ennuis.

Songe de se réveiller soi-même, indique : que vous ne serez pas résister à une de vos envies.

Songe de réveillon

Songe de réveillon annonce parfois que vous allez recevoir l'invitation d'un ami.

Songe de réveillon est un présage de réunion amicale.

Ce rêve de réveillon peut aussi vouloir dire, qu'un changement d'existence est proche.

Songe de réveillon annonce de plaisirs coûteux et qui laisseront des tracas…

Songe de réveillon dans un mauvais rêve, peut signifier : une indigence par inconduite.

Le rêve de réveillon est également un présage de fin de cycle.

Songe de réveillon signe de grande fête.

Songe de révolver

Songe de révolver annonce une exaspération subite qui vous rendra cruel envers un proche ami, et dont vous éprouverez longtemps le repentir.

Songe de révolver et en voir un peut signifier : un départ pour un déplacement où vous courrez un danger.

Songe de révolver et s'en servir en rêve, annonce : une imprudence que vous regretterez.

Recevoir un coup de revolver en rêve, prédit : souvent un accès de colère.

Songe de révolver peut être le présage que vous courez à un danger.

Songe de révolver chargé : est un signe de sécurité.

Tirer un coup de revolver : est un présage de succès.

Songe de révolver vide : est un signe de négligence qui sera punie.

Tuer quelqu'un en rêve avec un révolver, révèle : la haine d'un puissant adversaire.

Songe de rire

Songe de rire, révèle que le rêveur ou la rêveuse a besoin de relâcher une tension, pour désamorcer une pression extérieure.

Entendre un rire qui fait peur ou un rire démoniaque en rêve : est un symbole d'humiliation ou d'impuissance.

Songe de rire et voir rire en rêve, indique : une moquerie dont vous serez la cible.

Songe de rire peut indiquer un bonheur en passe de sombrer.

Entendre rire dans le lointain en rêve, signifie : médisance sur votre compte.

Songe de rire peut prédire un chagrin.

Faire les autres rire, révèle : que vous raillerez les autres.

Le rire en rêve peut être un symbole d'insuccès.

Songe de fou rire, annonce : l'ennui vous vous embêtée dans votre quotidien.

Rire avec une jeune fille, prédit : un événement désagréable, avec un homme, une grande joie.

Songe de rire du malheur des autres : est un signe de non-conformisme.

Rire de soi-même en rêve, indique : que vous courez vers de graves ennuis.

Songe de rire est un présage de bonheur troublé.

Songe de rire aux éclats, annonce : une perte considérable.

Rire de quelqu'un en rêve : est un signe de chance.

Songe de rire est également un présage de bonne santé.

Songe d'entendre un enfant rire, annonce : que vous recevrez un cadeau.

Songe de rivière

Songe de rivière peut représenter avec plus ou moins de force et de véhémence le désir de libérer impétueusement des instincts refoulés, sexuels ou combatifs chez les jeunes personnes.

Songe de rivière et voir une rivière en rêve : est ordinairement un bon présage, c'est un signe de voyage, de réussites variées, de gains.

Songe de rivière et si la rivière est tranquille et coule paisiblement entre ses rives dans votre rêve : c'est un présage de bonheur.

Songe de rivière torrentueuse et bouillonnante, annonce : une passion violente.

Songe de traverser une rivière en rêve, prédit : les honneurs vous serait reconnus par les autres.

Naviguer sur une rivière : peut vouloir dire que vos projets réussiront.

Songe de rivière et s'y noyer est un présage : de plaisir prochain, ou de joie prochaine à caractère sentimental.

Voir une rivière troublée en rêve, annonce : une menace de danger quelconque et si elle sort de chez vous, c'est aussi une menace pour vous ou votre maison, tandis que, si elle y entre, vous pouvez nous attendre à une visite d'importance.

Songe de rivière qui déborde et s'y jeter, annonce : une vaine folie et des embarras.

Voir une belle rivière en rêve révèle : que vous aurez une belle occasion de réussite.

Longer une rivière en rêve : est un signe de bien-être futur, vous cheminée sur le chemin de la réussite.

Songe de rivière et la descendre tranquillement en barque, indique : que votre volonté et votre ardeur, vous permettront de réussir.

Songe de rivière et s'y baigner et s'y laver en rêve prédit : un triomphe sur tout.

Songe de rivière et y marcher, annonce : la richesse.

Une rivière agitée en rêve peut prédire le bonheur.

Songe de rivière et y tomber en rêve est annonciateur : de dégâts et de pertes.

Se laver les pieds dans une rivière en rêve annonce : la prospérité à tous les niveaux.

Songe de rivière sale et trouble, peut annoncer : des querelles dans le ménage.

Voir une rivière à sec : est un présage de maladie.

Songe de traverser une rivière à la nage, révèle : une insatisfaction ou une instabilité chez le rêveur ou la rêveuse.

Songe de riz

Songe de riz représente le succès, la prospérité, la chance, la fertilité et les amitiés sincères.

Songe de riz et en manger en rêve signifie : le bonheur et la tranquillité à la maison.

Songe de riz cru et en cuire annonce : que vous aurez de nouvelles responsabilités qui vous combleront de joie.

Songe de riz cuit, selon l'ancienne tradition onirique, annonce : l'abondance, la prospérité, beaucoup d'argent et de la chance en perspective, ce rêve de riz prédit une bonne santé et une longue vie.

Le rêve de riz est en Asie un présage de richesse et confort matériel.

Songe de riz et en jeter aux jeunes mariés est un présage : d'amour et de prospérité.

Songe de riz que l'on vous jette, indique : que vous recevrez bientôt une visite.

En manger : dans certains cas signifie, bavardage indélicat.

Songe de riz : adoucissement de nos maux.

Songe de riz chaud : calomnie.

Songe de riz froid : trahison.

Songe de riz avarié ou souillé annonce : soit une maladie ou alors un risque de rupture.

Songe de riz et en manger en grande quantité indique : une très nette amélioration de votre situation financière.

Songe de riz et en acheter en rêve prédit : des gains imprévus.

Songe de rouge

Songe de rouge révèle symbolise l'activité, la passion, la violence et la sexualité.

Le rouge dénote des émotions profondes et spirituelles.

Songe de rouge révèle que le rêveur se pose peut-être certaines questions sur sa vie, d'où je viens, ou vais-je ?

Il cherche les réponses à ces énigmes existentielles.

Songe de rouge pour une femme montre : une période où elle a le sentiment d'être "vampirisée" par autrui, ce rêve de rouge signifie également qu'elle est à la recherche de plaisir, parfois le rouge est lié au fantasme.

Songe de rouge à lèvre

Songe de rouge à lèvre et en porter en rêve, révèle : que la rêveuse, cache quelque chose.

Songe de rouge à lèvre peut également indiquer que vous cherchez à attirer l'attention de quelqu'un.

Songe de rouge à lèvre de couleur rouge : est un symbole de sensualité et d'érotisme.

Songe de rouge à, lèvre, indique parfois que vos sentiments vont vers une personne qui ne le mérite pas.

Songe de rouge à lèvre peut aussi révéler un conflit amoureux.

Songe de rouge à lèvre et en voir en rêve peut être un signe de trahison.

Le rouge à lèvre, représente aussi la fausseté des émotions.

Voir du rouge à lèvre en rêve, peut indiquer un mensonge.

Songe de ruban

Songe de ruban symbolise quelque chose de fugitif dans votre vie (acte, événement, sentiment) dont l'influence se rattache précisément à celle de sa couleur du ruban vu en rêve.

Songe de ruban et en voir un en rêve, annonce un grand bonheur.

Songe de ruban peut être un signe de frivolité.

Songe de ruban de couleur bleu : indique des sentiments amoureux fidèles.

Songe de ruban vert : est un présage d'espoir.

Songe de ruban rouge : indique une passion sentimentale.

Un ruban noir : est un signe de deuil.

Le ruban blanc : est un présage d'amour immaculé.

Songe de ruban prédit des dépenses au-dessus de votre position.

Songe de ruban indique une prodigalité à refréner.

Acheter un ruban, en rêve est un présage : de perte, vert perte d'argent, rouge perte d'amour.

Songe de ruban sale, prédit : une existence malheureuse.

Songe de ruban et le coupé, annonce : un manque de chasteté.

Songe de ruban et en vendre un en rêve, annonce : des gains financiers.

Songe de sable

Songe de sable est un symbole d'instabilité et de temps qui passe et pour certains onirologues, ce rêve de sable représente la stérilité, la misanthropie et l'usure.

Songe de sable mouvant indique : un sentiment d'insécurité.

Songe de sable indique des projets sans réflexion.

Songe de sable peut signifier qu'un changement est en route.

Si vous rêvez de manger du sable, cela révèle : un doute ou une incertitude.

Songe de sable avertit que votre existence est bâtie sur des bases peu solides.

Etaler du sable en rêve, indique : que le rêveur désire changer sa vie.

Faire un trou dans du sable en rêve, prédit : une perte financière.

Songe d'avoir du sable dans la bouche, révèle : une grande colère chez le rêveur.

Songe de sable vous conseille d'utiliser sagement et utilement votre temps libre.

Songe de sable de mer, annonce : un voyage qui pourrait se montrer dangereux.

Construire un château de sable en rêve : est lié à votre désir de grandeur qui n'est qu'illusoire, cela indique également que vous n'avez pas de bases assez solides pour obtenir le succès.

Songe de sable et s'y enfoncer : est un présage de danger.

Songe de sable et y marcher avec difficulté, annonce : que vos efforts porteront leurs fruits.

Planter des fleurs dans du sable en rêve, annonce : une période chargée d'ennuis.

Songe de sable et en pelleter en rêve, révèle : qu'avec peu d'efforts vous aurez des revenus très confortables.

Songe de sable dans la maison peut prédire : dans certains cas, une ruine prochaine.

Songe de sable dans un mauvais rêve peut indiquer : une prospérité provisoire avec une menace de ruine.

Songe de sable et voir une dune de sable en rêve, révèle : un besoin de se protéger de la bêtise des autres.

Songe de sable et être pris dans une tempête de sable, révèle : que le rêveur est désorienté ou que le temps travaille contre lui.

Songe du sable d'un sablier, prédit : parfois une disparition ou une rupture amoureuse.

Le rêve de sable, symbolise également le temps infini.

Songe de sablier

Songe de sablier est le symbole du temps qui passe inexorablement et sur lequel aucun contrôle n'est possible.

Songe de sablier annonce que votre temps est compté et qu'il faut agir rapidement.

Songe de sablier peut être un rappel, pour un travail, un rendez-vous, ou toute autre chose qui a un rapport avec une date ou une heure.

Songe de sablier est sur le plan affective un mauvais présage, il indique un possible séparation amoureuse.

Songe de sablier peut parfois annoncer la fin d'une relation, mais dans certain cas cela peut également annoncer le démarrage d'une nouvelle relation.

Songe de sablier est également un présage de maladie dans votre entourage.

Voir un sablier brisé, symbolise : la fin de la vie.

Songe de sabre

Songe de sabre est un symbole de puissance, de puissance, cela représente également l'esprit d'entreprise, l'audace et la volonté. Le sabre vu en rêve fait partie des rêves d'armes qui est un symbole phallique.

Songe de sabre et en porter un en rêve : est un présage de sécurité.

Songe de sabre et en prendre un dans votre main, indique : que vous allez entrer en action pour arriver a à vos fins.

Songe de sabre et voir un sabre ou des sabres en rêve, annonce : des querelles ou de la discorde.

Songe de sabre bien aiguisé, annonce : la réussite de vos entreprises ou projets.

Songe de sabre et s'en servir dans un rêve, révèle : que le rêveur est sans délicatesse pour atteindre ses objectifs.

Songe de voir des gens se blesser avec un sabre, prédit : que vous éviterez un grand danger.

Songe de sabre sanglant est pour une jeune femme : est un présage de danger pour son amant.

Le Songe de sabre est de mauvais augure pour le plan financier.

Songe de sabre et en être frappé dans un rêve, révèle : une trahison.

Songe de sabre de sabre brisé, indique : que vous ne parviendrez pas à vos buts.

Etre blessé par un sabre en rêve, signifie : que vous allez rencontrer des obstacles insurmontables.

Voir un sabre dans son fourreau ou accroché au mur, indique : que le rêveur n'utilise pas toutes ses ressources pour réussir dans la vie.

Songe de tuer quelqu'un avec un sabre, prédit : une victoire contre un adversaire.

Songe de sacrifice

Songe de sacrifice dénote que vous avez une tendance à vous sanctionner, ce rêve de sacrifice peut également indiquer que vous pensez que vous n'êtes pas reconnu à votre juste valeur.

Songe de sacrifice d'animaux, peut signifier : que vous allez laisser de côté le coté physique de votre vie pour vous concentrer sur la voie spirituelle.

Songe de sacrifice et en faire un : annonce que l'on vous trompera.

Songe de sacrifice dans un bon rêve : prédit une récompense.

Si vous rêvez que vous vous sacrifiez pour quelqu'un : cela peut vouloir dire que vous profitez des autres et que vous vous laissez transporter par les événements.

Songe de sacrifice pour une cause juste : révèle que vous êtes intransigeant avec autrui.

Songe de sacrifice indique souvent qu'on abuse de votre générosité.

Songe de sacrifice et si c'est vous qui le faite dans le rêve : peut révéler une fatigue nerveuse.

Songe de sacrifice humain, indique : un surmenage.

Songe de sacrifice et voir une personne se sacrifier pour vous : est un rêve qui indique des désaccords fondamentaux avec votre entourage.

Songe de salaire

Songe de salaire est un signe de spoliation ou d'escroquerie.

Songe de salaire et rédiger un bulletin de salaire en rêve, annonce : une amélioration de votre propre salaire.

Songe de salaire et l'on vous ôte votre salaire en rêve : est annonciateur de problèmes de justice.

Songe de salaire dans certains cas, signifie : qu'un changement bénéfique va avoir lieu vis-à-vis de votre situation sociale.

Songe de salaire est un symbole de sureté dans la famille si le rêve est positif.

Songe de salaire et le régler à une personne que vous employez en rêve, indique : que vous devrez une réparation pour une erreur que vous aurez commise.

Songe de salaire et Songe que l'on abaisse le vôtre, annonce : une discorde sur le plan professionnel.

Songe de salaire et voir le sien augmenter en rêve, prédit : qu'un événement inattendu vous apportera un bienfait.

Songe de salaire est un signe de soutien ou de soulagement.

Songe de salamandre

Songe de salamandre un animal qui croyait-on bénéficiât du pouvoir de vivre dans le feu sans se bruler, est un symbole qui se rapporte à l'âme et au feu.

Songe de salamandre est l'indice qu'une personne vous aime secrètement.

Songe de salamandre indique que vous avez autour de vous un dévouement à toute épreuve, c'est un grand bien qu'il ne faut pas négliger.

Songe de salamandre peut annoncer des embûches suscitées par des ennemis lâches et vils.

Songe de salamandre indique, méfiez-vous des hypocrites.

Si vous rêvez d'une salamandre (l'appareil) et qu'elle allumée cela prédit : le dévouement, mais si elle est éteinte c'est de l'injustice.

Songe de salière

Songe de salière et en voir posée debout bien droite sur une table, annonce : le succès et la chance.

Songe de salière renversée est : de mauvais augure, c'est l'indice de malheur ou de querelle.

Voir une salière remplie de sel, peut annoncer : un heureux événement.

Songe de salière est parfois révélateur de sagesse.

Songe de salière renversée peut également, indiquer une perte de puissance, de force.

Une salière renversée représente aussi dans certain cas des appréhensions, imaginaires.

Songe de salière et en acheter, prédite : souvent un changement de vie.

Songe de salière brisée, indique : qu'il est temps de mettre de l'ordre dans vos affaires.

Songe de salle de bain

Songe de salle de bain symbolise vos tendances primaires, il est possible que ce rêve de salle de bain puisse représenter des tourments que vous rencontrez actuellement.

Parallèlement, Songe de salle de bain peut exprimer une recherche de purification spirituelle ou psychique.

Songe de salle de bain commune avec beaucoup de gens autour de vous, indique : que vous cherchez plus de discrétion dans l'élaboration d'un de vos projets.

Songe d'une salle de bain et ne pouvoir y entrer : est un rêve qui révèle vos empêchements à vous défaire ou à manifester certaines émotions ou sentiments.

Songe de salle de bain peut indiquer qu'il est temps pour vous de vous purifier, de vous laver de toute la saleté, et des turpitudes.

Songe de salle de bain signifie que le rêveur doit changer et faire peau neuve.

Si vous êtes une femme et que vous rêvez que vous êtes dans la salle de bain des hommes dans une collectivité : cela révèle que dans une situation vous êtes allée trop loin.

Songe de salle de bain et y prendre un bain chaud, peut indiquer : un désir inconscient de retourner à la source originelle l'utérus.

Songe de salle de classe

Songe de salle de classe révèle que vous allez vivre des événements qui vous apprendrons beaucoup sur la vie.

Songe de salle de classe peut également représenter votre propre développement personnel ou intime.

Songe de salle de classe peut être aussi un signe qu'il faut apprendre à vous adapter à une nouvelle situation.

Songe de salle de classe et en chercher une dans une école : est un rêve qui montre que vous avez un désir d'apprendre et de vous développer.

Songe de salle de classe de découverte : suggère que vous devriez apprendre à vivre plus librement et à être plus indépendant ou indépendante.

Songe de salle de sport

Songe de salle de sport suggère que vous devez mettre en pratique ce que vous apprenez dans la vie de tous les jours.

Songe de salle de sport dans un mauvais peut indiquer qu'il faut vous préparez à une épreuve difficile de la vie.

Songe de salle de sport peut également être un avertissement onirique, il est tant pour le rêveur de faire plus d'exercice pour améliorer son bien-être.

Songe de sang

Songe de sang est un symbole à deux facettes, l'une représente la vie, l'amour et la passion et l'autre représente la maladie et les accidents.

Songe de sang révèle que le rêveur a peut-être le sentiment d'être vulnérable, chez la femme ce rêve est souvent lié à la virginité et aux menstruations.

Dans d'autres traditions oniriques, Songe de sang est l'assurance de connaître une nouvelle renaissance.

Songe de sang sur les murs : est un avertissement onirique il vous annonce que vous devrez affronter de nombreuses difficultés.

Une femme rêve souvent de sang avant ses règles ou pendant qu'elle est enceinte.

Voir du sang gicler partout est un rêve cauchemardesque, il indique : fréquemment que le rêveur est sur le point de craquer émotionnellement.

Songe de donner son sang : vous ferez un bénéfice.

Avoir du sang sur les mains en rêve prédit : un triomphe sur vos adversaires.

Etre transfusé : est sur le plan sentimental de mauvais augure.

Songe de cracher du sang : est un signe de souffrance intérieure.

Songe de sang dans la bouche est le signe : que vous êtes visé par des commérages.

Voici quelques significations de l'ancienne tradition onirique :

Perdre en rêve douleur et regrets.

Faire répandre convoitise.

Cracher son sang mal de tête, migraine, courbature.

Voir couler du sang menstruel contestation.

Voir du sang en grande quantité fortune, richesse.

Taches de sang réussite, bon temps propre à la joie, aux plaisirs et à l'exercice des arts agréables.

Voir du sang répandu ou des taches de sang annonce : presque toujours des plaisirs, de la réussite, mais aussi parfois un deuil ou une maladie dans la famille.

Il y a un mélange dans ce rêve, le bienfaits matériels et l'ennuis de santé.

Voir une personne recouverte de sang en rêve, prédit : des problèmes de cœur.

Songe de sang et voir quelqu'un en porter un seau rempli, signifie : danger de graves disputes.

Songe de sang et en voir couler sur votre corps, annonce : un danger de maladie.

Songe de saigner du nez : est un signe de pauvreté prochaine, mais dans certains cas c'est une amélioration de votre situation.

Voir du sang couler d'une coupure en rêve : est l'indice que vous subirez une blessure morale.

Songe de sang et en boire : est un très bon présage cela prédit la richesse et la prospérité.

Songe de prendre un bain de sang : attendez-vous à une importante perte financière.

Songe de sang sur le sol : est signe de chance et de réussite.

Se vider de son sang en rêve annonce : une mauvaise santé ou alors une perte d'argent.

Songe de sang noir : est un signe d'heureuses spéculations et de richesses.

Songe de sanglier

Songe de sanglier est le symbole du moi sauvage et antisocial que chacun possède en lui.

Songe de sanglier représente un ennemi dangereux qu'il faut éviter, mais également l'ennemi puissant difficile à vaincre.

Ce rêve peut aussi représenter un désir de solitude ou de retrait de la société.

Songe de sanglier et se battre avec lui en rêve, annonce : un triomphe, vous triompherez aussi en réalité de vos ennemis.

Si vous tuez un sanglier en rêve : cela prédit un succès assuré.

Songe de sanglier et Songe que vous le chassez sans l'atteindre, signifie : qu'il y a péril pour vous et il est préférable de ne pas vous risquer.

Chasser un sanglier en rêve peut indiquer que vous perdez votre temps dans une situation que vous prenez trop à cœur.

Songe de sanglier indique qu'il faut vous méfier des gens violents.

Etre poursuivi par un sanglier en rêve, annonce : souvent un danger inévitable.

Songe de sanglier mort et en manger dans votre rêve, indique : un risque de maladie.

Etre chargé par un sanglier dans un rêve : est un avertissement onirique de danger pour vous.

La signification du rêve de sanglier se rapproche beaucoup de celle du rêve de taureau.

Songe de sanglier peut signifier qu'il faudra bien du temps avant de vous défaire complètement d'un ennemi malsain.

Songe de sanglier représente un ennemi implacable.

Voir un sanglier traverser devant vous ou votre voiture en rêve, peut annoncer : que vous aurez bientôt affaire avec des gens violents et brutaux.

Songe de sanglier furieux : est un triste présage, c'est l'indice d'une désunion.

Etre blessé par un sanglier en rêve : peut signifier une perte dans une affaire de commerce.

Songe de sanglier mort prédit : la fin de vos ennuis.

Songe de sapin

Songe de sapin, annonce un amour soutenu et fidèle.

Songe de sapin révèle une tranquillité méritée.

Couper ou abattre un sapin en rêve : est un présage de succès.

Songe de sapin est également un présage de longue vie et de bonne santé.

Acheter un sapin de noël en rêve, annonce : une des finances en hausse pour l'année qui vient.

Songe de sapin et en transporter un, signifie : que vous ferez une nouvelle rencontre.

Songe de sapin, peut représenter un désir de manifester ses forces instinctives et son désir de perfectionnement de l'esprit, car l'esprit comme le sapin est toujours jeune.

Songe de sapin, cet arbre représente un ami sincère qu'il vous faut conserver et ne jamais blesser.

Voir un sapin couvert de neige en rêve, annonce : une relation sentimentale heureuse.

Songe de sapin de noël, annonce : du plaisir et de la joie ou une chance inattendue.

Bruler un sapin en rêve, annonce : une grande joie.

Voir un grand sapin vert dans un bois ou une forêt, annonce : un grand bonheur.

Songe de saut

Songe de saut et en voir faire un avec beaucoup d'audace : est un signe de témérité dans vos projets, s'il est fait sans audace, alors il y a un danger pour votre entreprise.

Songe de saut en hauteur, annonce : un succès.

Songe de saut en parachute, annonce : que les obstacles seront surmontés.

Le saut à la corde en rêve représente : la débrouillardise du rêveur ou de la rêveuse.

Songe de saut indique des moments de gaieté intermittente.

Songe de saut et en faire un en rêve annonce : quelques petits déboires.

Songe de saut à la perche signifie : accident à craindre.

Voir faire un saut dans le vide : est un présage d'imprudence vis-à-vis d'un projet ou d'une entreprise.

Songe de saut à l'élastique, symbolise : votre capacité à vous tirer d'affaire face aux insuccès, et à l'adversité.

Songe de sauter

Songe de sauter est un bon présage si l'on saute facilement.

Dans les autres cas, ce rêve annonce des difficultés.

Songe de sauter en hauteur signifie : en général le triomphe.

Songe de sauter un obstacle indique : que vous éviterez un danger.

Songe de sauter de très haut, signifie : que vous devez prendre des risques pour progresser.

Sauter par une fenêtre indique : que vous faites des spéculations téméraires.

Songe de sauter dans l'eau peut signifier : qu'une personne cherche à vous flouer.

Songe de sauter d'un pont annonce : une rupture dans le domaine de l'amitié.

Songe de sauter dans le vide et avoir peur : est un présage d'incertitude.

Songe de sauter d'une falaise indique : que le rêveur ou la rêveuse va vivre des événements désagréables rendant sa vie difficile.

Sauter dans un fossé prédit : une réconciliation avec un ou une amie.

Songe de sauter d'un avion : est un signe d'échec.

Songe de sauterelles

Songe de sauterelles peut signifier que vos adversaires vont s'unir pour vous porter un mauvais coup.

Voir une nuée de sauterelles en en rêve : est sur le plan des affaires de mauvais augure, car cela annonce qu'elles ne seront que très peu rémunératrices.

Songe de sauterelles prédit des querelles avec des personnes de mauvaise foi.

Songe de sauterelles et en tuer en rêve, annonce : des ennuis.

Pour une femme, Songe de sauterelles peut symboliser plusieurs prétendants.

Songe de sauterelles est un symbole funeste de perte ou de ruine.

Songe de sauterelles représente l'incertitude et l'incapacité, mais pour certains onirologues, la sauterelle peut également représenter la liberté et l'indépendance.

Songe de sauterelles et voir une invasion de ces insectes : dans un pays, ou des récoltes ruinées par des bêtes nuisibles annonce un malheur collectif.

Une sauterelle dans un rêve est aussi un indice de coquetterie et d'excès.

Songe de sauterelles est un rêve qui vous avertit, qu'il vous faut prendre toutes précautions pour ne pas mener votre maison à la ruine.

Il faut de la conduite sérieuse, de l'économie sans être avare, de la sagesse enfin, et vous ou quelqu'un des vôtres doit en manquer actuellement.

Ce rêve de sauterelles peut également prédire que vous ferez la connaissance d'une personne légère.

Songe de sauterelles annonce que quelqu'un vous ruinera par son inconduite et son amour de l'argent.

Les sauterelles de vos rêves annoncent très souvent des problèmes financiers.

Songe de sauver

Songe de sauver une personne que vous connaissez bien, indique : que dans la réalité vous aiderez un ami ou une amie.

Songe de sauver un chien, un chat, un oiseau, enfin des animaux, prédit : qu'on cherchera à profiter de vous.

Songe de sauver et l'être soi-même : est un mauvais présage concernant le plan financier.

Songe de sauver une vie : est en général, une représentation que quelqu'un cherche à vous sortir d'un mauvais pas.

Songe de sauver quelqu'un représente votre envie de vous sortir d'une situation difficile.

Songe de sauver un bébé, annonce : que vous vivrez l'ingratitude des autres.

Sauver une personne lors d'un sauvetage : révèle des médisances sur votre compte.

Songe de savon

Songe de savon et en acheter en rêve, indique : que vous obtiendrez votre pardon.

Songe de savon annonce parfois une réprimande méritée.

Songe de manger du savon, indique : qu'il faut que vous soyez prudent ou sur vos gardes ou que vous vous sentez coupable.

Songe de savon symboliser une crasse morale, une faute d'attention, un manque de conscience.

Songe de savon annonce des affaires débrouillées.

Songe de savon peut être le présage de l'assistance d'amis ou parents riches.

Les bulles de savon en rêve, peuvent annoncer : des désillusions.

Songe de savon prédite la réussite dans vos entreprises.

Songe de savon indique que l'on ne nous gardera pas rancune dans une affaire vous concernant.

Le savon noir annonce : une querelle, mais si le rêve se déroule dans un contexte favorable cela peut prédire une réconciliation.

Songe de savon blanc, révèle : une aide qui vous viendra.

Songe de sceau

Songe de sceau secret ou cacheté : peut-être un avertissement onirique qui vous conseil d'être discret et de ne pas vous confier à n'importe qui, car cela pourrait jouer en votre défaveur.

Songe de sceau annonce également la fin d'une querelle.

Songe de sceau est un symbole de secret caché et de pouvoir.

Songe de sceau (cachet) brisé annonce : des nouvelles inattendues à propos d'un absent ou d'un disparu.

Songe de sceau posé sur un document prédit : une relation avec personnes haut placées.

Ce rêve de sceau est un très bon présage car il indique puissance, succès, triomphe de tous les obstacles.

Songe de sceau à sceller est un présage : de sûreté, ou d'absence de tout danger.

Songe de sceau peut vouloir dire que si vous êtes discret, vous aurez la confiance d'une personne riche qui vous laissera son héritage.

Un seau annonce une visite importune, voyage prochain, héritage.

Songe de sceptre

Songe de sceptre et en casser un en rêve prédit : une richesse extrême.

Songe de sceptre dans un rêve bénéfique annonce : les honneurs.

Songe de spectre représente votre pouvoir sur les autres.

Songe de sceptre indique que vous vous manquez de force pour atteindre le but envisagé.

Songe de sceptre peut annoncer la ruine ou une extrême pauvreté.

Songe de scie

Songe de scie égoïne annonce : que vous ferez un bon labeur.

Songe de scie et se blesser avec celle-ci, est annonciateur : d'affront.

Songe de scie dans un rêve cauchemardesque concernant le plan sentimental prédit : une séparation ou un divorce.

Songe de scie et voir une personne s'en servir indique : que le rêveur manque de bon sens.

Songe de scie annonce parfois le dissentiment, et les tracasseries.

Songe de scie voire une scie vous présage : une rapide expédition des affaires dans lesquelles vous êtes engagés.

Songe de scie annonce une prompte réussite dans le commerce.

Songe de scie à métaux, révèle : la persévérance du rêveur ou de la rêveuse.

Songe de scie peut indiquer que vous aurez la satisfaction du cœur

Ce rêve de scie révèle aussi un surmenage.

Songe de scie et couper un arbre annonce : un labeur déplaisant.

Songe de scorpion

Songe de scorpion et le voir s'éloigner de vous, indique : que vous éviterez la vengeance d'un ennemi.

Songe de scorpion et le tuer en rêve, annonce : une victoire ou un triomphe, mais si vous n'y parvenez pas, alors vos ennemis parviendront à vous infliger de lourdes pertes.

Si vous mangez un scorpion en rêve : cela peut indiquer que vous prendrez les biens de votre adversaire.

Songe de scorpion et être piqué par lui : est un présage de maladie.

Songe de scorpion a, par certains côtés, une ressemblance avec le rêve de serpent, mais sans le caractère spirituel et symbolique du serpent.

Ce rêve possède une signification d'onanisme (sexuelle).

Il est aussi une représentation de la mort et de la renaissance.

Songe de scorpion peut annoncer une traitrise d'une personne aimée.

Le scorpion, dans un rêve, peut également indiquer que le rêveur souhaite détruire sa vie présente pour recommencer une nouvelle existence.

Songe de scorpion prédit assez souvent des embûches et de l'infortune suscitées par des ennemis secrets.

Songe de scorpion est, pour de nombreux onirologues, considéré comme un mauvais rêve, car il est le signe de trahisons, d'embûches, de peines cruelles.

Ce rêve de scorpion peut révéler, que le rêveur est torturé par ses propres contradictions.

Songe de scorpion peut vouloir dire qu'on cherche à vous attaquer par derrière, mais que vous verrez bientôt vos adversaires à vos pieds.

Songe de scorpion représente le sacrifice maternel, c'est pour cela que ce rêve a la même symbolique que de Songe de mante religieuse, car selon la légende, la femelle scorpion meure lors de l'enfantement de ses petits.

Songe de sculpture

Songe de sculpture révèle des plaisirs délicats et les gouts artistiques chez le rêveur ou la rêveuse.

Songe de sculpture et en faire une en rêve, indique : que vous vous fiez trop aux autres.

Songe de sculpture et voir des visages en marbres : est un bon présage.

Songe de sculpture peut être un présage d'embellissement de votre habita.

Voir une sculpture dans un jardin, annonce : une réussite concernant le domaine du travail.

Songe de secrétaire

Songe de secrétaire (meuble) fermé indique : un secret bien gardé.

Voir un secrétaire ou une secrétaire, prédit : un conflit causer par les finances.

Songe de secrétaire (commode) : peut révéler l'amour de dieu.

Songe de secrétaire et Songe qu'on est secrétaire signifie : ayez de la patience, vous réussirez.

Songe de secrétaire signifie souvent que vous trouverez l'appui d'une personne dans vos projets ou affaires.

Songe de séparation

Songe de séparation annonce un amour fidèle et solide.

Songe de séparation révèle un attachement croissant à la personne aimée.

Ce rêve de séparation indique pour les personnes mariées une amélioration de leurs situations.

Songe de séparation avec ses enfants : est un présage de conflit dans le couple.

Voir des gens se séparer en rêve, prédit : un héritage.

Songe de séparation représente la peur du rêveur envers une possible séparation.

Songe de séparation peut révéler que le rêveur ou la rêveuse criant d'être abandonné.

Si vous rêvez d'être séparé d'un ami ou d'une amie : cela peut prédire un échec professionnel.

Songe de séparation indique parfois un sentiment d'inutilité.

Songe de séparation pour un rêveur ou une rêveuse célibataire, indique : un désir de se mettre en couple, mais sans changer ses habitudes.

Songe de serpent

Songe de serpent, voilà un rêve qui n'est pas anodin, car le serpent symbolise la mort, l'anéantissement, la vie perverse.

L'homme qui rêve de serpent révèle parfois sa part de féminité qui est en lui et qui peut faire naitre dans son inconscient des questionnements sur sa virilité.

Dans ce sens, une femme qui fait le rêve de serpent peut signifier qu'elle craint la sexualité, ou qu'elle doute de sa faculté de séduire.

Bien sûr le serpent représente, depuis longtemps, l'image de la tentation, du mensonge et l'obscurité.

Songe de serpent est souvent déclenché par le fait que vous tentez de combattre vos instincts et qui dit instincts dit sexualité qui est intimement liée au serpent aussi loin que la mémoire de l'humanité puisse remonter.

Si vous rêvez qu'un serpent sort de la bouche d'un mort cela symbolise : souvent l'orgasme ou votre self-control par rapport à vos envies.

Un serpent dans l'herbe verte et douce annonce : la trahison, la sournoiserie et le mal.

Etre manger par un serpent dans votre rêve signifie : qu'il faut savoir revenir à l'essentiel et ne pas s'embarrasser du superflu.

Un serpent enroulé autour d'un bâton, indique : que vous êtes sur le chemin d'une guérison physique ou morale.

Dans nos rêves de serpents, il faut attacher une grande importance à leur couleur car cela permet une meilleure interprétation du rêve.

Un serpent blanc indique : que le rêve est provoqué par un fait qui vient des profondeurs du subconscient.

S'il est rouge : le rêve révèle une agressivité.

S'il est jaune-noir ou rouge-noir il représente : le mal dans toute sa force, c'est un avertissement qui annonce que vous serez le jouet de forces négatives.

Songe de serpent vert : n'est pas un mauvais signe au contraire, c'est l'énergie que vous devrez dompter.

Songe d'être mordu par un serpent, représente : vos peurs cachées et vos angoisses.

Ce rêve peut être aussi la représentation d'un possible danger qui est sur le point d'arriver.

C'est également un signe de tentations sexuelles dangereuses et non contrôlées.

Songe d'un serpent sur votre lit, révèle : souvent que vous avez le sentiment d'être dominé sexuellement, mais cela peut aussi vouloir dire que vous craignez une menace de même nature.

Un serpent peut représenter l'image d'une personne de votre environnement qui est cruelle, insensible et à qui vous ne pouvez pas faire confiance.

Voir la peau d'un serpent, prédit : une bonne santé.

Un serpent à deux têtes dans votre rêve est signe : de richesse dans tous les domaines, mais si le rêve est néfaste cela annonce le désordre.

Songe d'un serpent sans tête montre : votre refus de voir la réalité en face, ou alors vous serez bientôt pris au dépourvu.

Mais le serpent a aussi un côté positif dans les rêves, car dans certains contextes, il est le symbole de la guérison, du savoir et de la sagesse, il est annonciateur de changements favorables.

Si vous êtes une femme et que vous rêvez qu'un serpent vous mord : vous pouvez prendre ce rêve comme une mise en garde contre un homme sournois et même dangereux qui prétend être votre ami.

Voir un serpent se tortiller, prédit : que vous devrez vous battre contre le destin.

Songe de tuer un serpent, signifie : que vous serez confronté à l'adversité et que vous engagerez une bataille contre vos adversaires qui seront vaincus non sans mal.

Marcher sur un serpent en rêve est courant : c'est un double avertissement, le premier concerne votre santé "prenez soin de vous", le deuxième indique que vos adversaires tentent de vous évincer.

Songe que des serpents s'enroulent autour de vous et vous mordent, signifie : que vous allez vous retrouver dans une situation où vous ne pourrez résister à vos adversaires.

Au contraire tenir un serpent entre vos mains prédit : que vous aurez les capacités pour vaincre leurs attaques.

Si vous rêvez que vos cheveux sont remplacés par des serpents : cela révèle que vous attachez beaucoup trop d'importance à des choses futiles.

Songe qu'une rivière grouille de serpents, signifie : que la prudence doit être de mise dans une de vos entreprises, car vous pourriez subir un revers.

Songe de serpents qui se mordent entre eux annonce : des disputes entre amis.

Voir des enfants jouer avec un serpent bleu ou d'une autre couleur, peut signifier : qu'une de vos actions pourrait mettre en péril votre situation, sans pouvoir compter sur vos amis.

Songe de serrure

Faire jouer une serrure en rêve, prédit : que vous serez dans une situation embarrassante, mais vous vous en sortirez.

Songe de serrure et la forcer, signifie : que vous rencontrerez des difficultés, mais que votre audace aidera à franchir.

Songe d'huiler une serrure, indique : que vous tenterez de persuader une personne que vous avez de l'amour pour elle.

Observer par le trou d'une serrure en rêve : est un signe de frustration.

Songe de serrure l'ouvrir :
changement de situation, désir réalisé.

Forcer une serrure en rêve annonce :
que les obstacles seront surmontés.

Songe de serrure et la fermer, indique : une erreur ou un refus.

Songe de serrure et la graisser en rêve : révèle une persuasion amoureuse.

Si dans votre rêve vous n'arrivez pas à la faire fonctionner, cela peut être le présage d'un danger.

Songe de serrure peut indiquer qu'on tentera de vous voler, alors faites le guet.

Songe de serrure dans un mauvais rêve peut être un présage de ruine et de pauvreté.

Voir une serrure ouverte indique :
que vos désirs seront satisfaits.

Démonter une serrure en rêve, annonce : que vous saurez bientôt le secret du résultat de vos entreprises.

Faire pénétrer une clé, dans une serrure : est un symbole érotique.

Songe de serrure et la faire changer signifie : que vous cherchez à protéger votre vie privée.

Songe de singe

L'apparition d'un singe dans un rêve peut prédire que l'on vous jouera un tour désagréable.

Songe de singe représente également un ennemi rusé qui vous poursuit.

Songe de singe méchant qui casse tout dans un rêve : révèle que le rêveur ou la rêveuse traversera une période d'impulsivité qui lui sera préjudiciable.

Songe de singe peut indiquer qu'une personne intelligente, sympathique, avenante, et comédienne va vous tourner en ridicule, à moins qu'elle cherche à vous tromper.

Tuer un singe en rêve, signifie : que vous vaincrez un adversaire, malin, et vicieux.

Voir un singe en cage, prédit : des tracas d'ordre amoureux.

Songe de singe suspendu à une branche, signifie : que vous êtes embarrassé vis-à-vis d'une question personnelle.

Etre mordu ou attaqué par un singe agressif en rêve, annonce : une nouvelle aventure sentimentale.

Songe de singe est pour un homme la possible représentation d'une femme qui se moque de vous.

Songe de singe indique aussi des gens mal avisés.

Songe de singe symbole de malice, d'effronterie, et d'astuce.

Le rêve de singe peut vouloir dire que l'on vous ment.

Ce rêve peut également être un signe d'infidélité ou de malices de femme.

Songe de sirène

Songe de sirène et en entendre une en rêve : peut-être un présage de tranquillité.

Songe de sirène peut vous avertir de vous éloigner d'une personne qui vous aimée mais dont l'amour sera fatal.

Pêcher une sirène en rêve, indique : que le travail que vous fournissez sera vain.

Songe de sirène est pour un homme, une représentation de la mystérieuse sexualité féminine.

Songe de sirène et l'être soi-même en rêve, indique : un désir d'aventure sensuelle.

Songe de sirène est un symbole de sortilège amoureux.

Songe de sirène (sous forme de femme marine) révèle : un enchantement dangereux.

Si vous tuez une sirène en rêve, cela annonce : que votre volonté de réussir sera inébranlable.

Songe de sirène d'usine annonce : un danger menaçant.

Songe de sirène d'ambulance ou de pompier : peut également révéler que vous vivrez un événement qui vous stressera énormément.

Songe de ski

Songe de ski et en faire en rêve, annonce : la santé et la vigueur.

Songe de ski et voir un skieur dans votre rêve, signifie : qu'il est temps de vous reposer.

Songe de ski annonce que vous surmonterez les obstacles avec une grand aisance.

Voir un ski en rêve peut signifier que vous vous tromperez de voie dans une affaire.

Songe de ski révèle que le rêveur ou la rêveuse souhaite mettre ses capacités à l'épreuve.

Songe de ski cassé, annonce : un événement que vous attendiez avec impatience.

Songe de ski et faire une chute en rêve, indique : qu'il vous faudra une grande ténacité pour réussir.

Songe de sœur

Songe de da sa sœur décédée, signifie : fin des tracas.

Songe de sa sœur qui accouche annonce : l'arrivée d'une nouvelle très attendue.

Songe de sa sœur malade, indique : que le rêveur ou la rêveuse devra prendre ses responsabilités.

Songe de sa sœur en robe de mariée : n'est pas de bon augure.

Faire le rêve de sœurs siamoises annonce : un dur labeur.

Songe de sœur de charité : est un indice de succès.

Songe de sœur religieuse annonce : en général une accalmie ou une tranquillité.

Voir sa sœur en rêve, peut annoncer, une joie et une satisfaction.

Songe de sœur révèle une chaste tendresse.

Ce rêve de sœur peut également être un signe de consolation.

Songe de sa sœur morte annonce : une libération.

Songe de sœur indique une amitié inaltérable.

Songe de bonne sœur, signifie : qu'il faut écouter les bons conseils et les suivre.

Songe de sœur annonce aussi des querelles.

Etre une sœur en rêve : révèle la bonne foi de la rêveuse.

Songe de sa sœur enceinte : est un bon présage.

Songe de soleil

Songe de soleil couchant : est un présage de désillusion.

Pour une femme, Songe qu'elle dort au soleil : cela annonce un bonheur conjugal.

Songe de soleil noir indique : une grande mélancolie.

Si le soleil rouge touche la terre dans votre rêve : cela peut être un présage de brûlure.

Songe d'être un soleil, prédit un avancement social.

Songe de soleil à son zénith, révèle : un regain de vitalité et de santé.

Songe de soleil est un rêve très important, le soleil se rapporte à vous-même, à l'état de votre existence.

Songe de soleil radieux, brillant : il est bénéfique si vous êtes malade, c'est la liberté si vous êtes prisonniers.

Songe de soleil rouge : troublé, est signe de querelles, de troubles, de guerres.

Songe de soleil caché par des nuages : il y a une menace de maladie ou de malaise tout au moins.

Songe de soleil éclipsé annonce : un petit accident passager.

Songe de deux soleils ensemble annonce : toujours quelque chose d'important, une aventure pour vous, ou un événement considérable.

« K'inich Ajaw est le dieu du soleil dans la mythologie maya.

Selon un mythe maya, la nuit venue, il se couchait pour se transformer en jaguar et régnait sur Xibalba, l'inframonde. »

Songe de sorcellerie

Songe de sorcellerie peut annoncer de graves ennuis.

Songe de sorcellerie peut révéler que le rêveur ou la rêveuse à du remord vis-à-vis d'une mauvaise action.

Songe de sorcellerie selon l'ancienne tradition, vous met en garde, contre la possibilité d'un accident.

Songe de sorcellerie peut également indiquer que la mauvaise chance s'acharnera contre lui.

Songe de sorcellerie et si c'est vous qui faite de la sorcellerie dans un rêve : indique que vos efforts pour votre réussite seront vains.

Songe de tabac

Vendre du tabac en rêve : est un excellent présage car cela annonce la richesse et la prospérité.

Se trouver dans un champ de tabac signifie : jouie et bonheur.

Acheter du tabac en rêve prédit : que vous ferez de nombreuses dépenses.

Voir un plant de tabac en rêve indique : que vos difficultés seront vaincues.

Fumer de tabac en rêve : peut également signifier que vous perdez votre temps.

Offrir du tabac en rêve : révèle la générosité du rêveur.

Songe de tabac est un symbole de force psychique et pour les anciens onirologues, il représentait un pouvoir magique et c'est pour cela que certain pense que ce rêve révèle que la personne qui fait ce rêve cherche à échapper aux problèmes de son existence.

Voir du tabac à fumer est un présage de désordre ou de déséquilibre.

Songe de tabac à priser prédit : une vieillesse anticipée.

S'il est à chiquer dans votre rêve : il est synonyme de paresse ou encore que la mollesse prévale chez vous.

Fumer ou priser du tabac en rêve indique : que vous vous plaisez à des satisfactions fugitives et que vous avez tort, car vous ne pourrez-vous en déshabituer et cela vous portera préjudice.

Si dans votre rêve vous vous trouvez dans un lieu enfumé par le tabac, cela signifie : trouble, erreur, et difficulté pour agir.

Ce rêve est l'indice de vie paisible, de relations de bon voisinage, etc.

Songe trop souvent de tabac dénoterait, de la part du dormeur, une tendance caractérisée à l'indolence, une indifférence excessive à l'égard de ses propres intérêts.

Prendre du tabac en rêve indique : une certaine gaieté.

Le répandre au sol en rêve annonce : une triste aventure.

Perdre son tabac en rêve annonce : une mauvaise affaire.

Ce rêve annonce souvent un plaisir de courte durée.

Ne pouvoir s'en déshabituer dans votre rêve indique : une bonté d'âme, ici il doit y avoir un sens caché !

Attention se pendent car si vous êtes en train d'arrête de fumer se Songe et dû à votre manque de nicotine.

Songe de talisman

En posséder un en rêve prédit : que malgré de grandes difficultés vous parviendrez à vaincre vos adversaires.

Ce rêve peut être interpréter comme un conseil ; avant d'espérer que l'impossible se réalise, apprenez à obtenir de vous davantage.

Si une femme égare un talisman d'une très grande valeur en rêve : cela signifie que ces projets n'aboutiront pas.

Songe de talisman et en avoir un autour du coup en rêve révèle : que vous avez un grand besoin de protection, sachez demander de l'aide.

Songe de porter en rêve un talisman : donne au rêveur l'illusion d'avoir un pouvoir et grâce à cette croyance et contre toute attente il vaincra l'adversité.

Songe de talisman révèle la protection d'un ami ou d'une amie inconnue.

Ce rêve annonce que vous aurez l'appui de personne influentes.

Perdre son talisman en rêve signifie : que vous devez apprendre à être plus indépendant, sur le plan amoureux ou financier.

Songe de tapis

Si vous tissez un tapis en rêve : cela indique que vous ferez une rencontre mondaine.

En poser de beaux en rêve annonce : que vous vous élèverez socialement.

Songe de tapis sale prédit : la mélancolie.

Songe de tapis volant : vous serez dans l'obligation de mentir.

La couleur du tapis a une grande importance dans votre rêve.

S'il est blanc : cela indique que vous aimez la propreté.

Un rouge : annonce une grande passion amoureuse.

Noir : c'est un grand chagrin.

Vendre un tapis en rêve : révèle qu'à force de toujours en vouloir plus, vous perdrez tout.

Un tapis magique représente : votre besoin de vous échapper d'une situation ou d'une relation.

Songe de tapis représente un heureux événement, l'aisance matérielle, mais également les désirs amoureux ou même érotiques.

Songe de tapis est un indice de confort, d'une vie stable et agréable.

Ce rêve prédit souvent, une aisance financière rendue plus facile grâce à une haute recommandation.

Voir un tapis magnifique en rêve annonce : une période agréable et voluptueuse, mais si le rêve est cauchemardesque, cela peut signifier qu'une personne de votre entourage vous trompera.

Un tapis élimé et taché en rêve : attendez-vous à une désillusion ou à une déception.

Plus le tapis est long dans votre rêve : plus votre prospérité sera grande.

Songe d'un petit tapis : n'est pas de bon augure pour vos finances.

Enrouler et ranger un tapis en rêve : annonce un déménagement.

Songe de tapis et se voir marcher sur de beaux tapis : vous fait prévoir du bien-être que vous acquerrez par vos efforts.

Si vous posez des tapis en rêve : cela indique qu'il y aura du retard pour une relation projetée.

On dit aussi que Songe de tapis prédit que le rêveur changera de maison pour une plus luxueuse.

Songe de tapis de prière prédit : une grande richesse et une grande réussite.

Acheter un tapis neuf en rêve : est un signe d'opulence et de longue vie.

Songe de tarot

Songe de tarot peut également révéler qui vous êtes tracassé et que vous avez un choix important à faire.

Songe de tarot et consulter un jeu de tarot en rêve en vie de couvrir votre futur, à véritablement une importance qui si le rêveur est initié à ce jeu.

Dans un mauvais rêve : il annonce' de l'incrédulité ou la superstition chez le rêveur.

Songe de tarot, je vous conseillerais vivement de rendre chez un cartomancien mais pas n'importe laquelle !

Je me permets de vous conseiller un des meilleure taro-logue de France de génération en génération.

Antoine Dumanoir

Songe de tasse

Songe de tasse, brisée annonce : le bien-être au foyer.

Songe de tasse en fine porcelaine indique : une élévation de position.

Qu'on vous offre : on vous fera un cadeau bientôt.

Casser une tasse volontairement en rêve annonce : une dispute familiale.

Si vous buvez dans une tasse avec une personne : cela révèle que vous cherchez une relation avec cette même personne.

Une tasse ébréchée ou sans anse, prédit : un contretemps inattendu.

Songe d'une tasse de café noir : est un signe de rentrée d'argent.

Une tasse vide en rêve, annonce : une dépense imprévue.

Si elle est pleine : cela prédit des soucis passagers ou mauvais penchant.

Ce rêve peut aussi indiquer que vous étouffez vos émotions.

Voir une tasse de grande valeur en rêve indique : que vous êtes à la recherche d'une personne influente qui pourrait vous aider.

Songe de tatouage

Songe de tatouage est l'indice d'une tromperie qui vous sera révélée.

Songe de tatouage peut également être un rêve d'avertissement, il signifie méfiez-vous des calomnies.

Ce rêve révèle une certaine excentricité chez le rêveur.

Songe de tatouage effacé ou qui s'efface signifie : peut-être que vous avez écarté ou méprisé quelque chose dans une relation.

Songe de tatouage sur le bras peut indiquer : un manque de confiance en soi.

Songe de tatouage sur le visage, représente : un désir de se démarquer de la majorité.

Songe de tatouage est un symbole de croyance, de protection et d'identification, ainsi que d'allégeance. Tentez de vous souvenir de ce que représente le tatouage vu en rêve et cherchez sa signification dans notre site.

Songe de se faire tatouer signifie : que vous ne supportez pas la rivalité.

Il signifie parfois, pour une femme ou pour un homme, la débauche.

Annonce que vous devrez bientôt prendre une décision qui aura des répercussions sur votre avenir.

Un tatouage au henné en rêve prédit : la chance, et un changement dans votre vie.

Songe de taureau

Songe de taureau blanc en rêve : est de bon augure, car il représente la richesse.

Parfois s'il apparaît noir : méfiez-vous d'un dangereux ennemi, représente un grand personnage ou quelqu'un de haut placé qui s'acharnera à votre perte.

Etre chargé ou attaqué par un taureau annonce : que vous serez en but à une tyrannie.

Chevaucher un taureau en rêve, révèle : que le rêveur a du mal à contrôler ses pulsions.

Songe de taureau dans une corrida, annonce : qu'un adversaire caché sera découvert.

Songe de taureau c'est un rêve qui indique une passion violente dont vous êtes sans doute atteint.

Si le taureau se bat avec un autre : il y a autour de vous rivalité de femmes.

Craignez que cela ne vous porte à quelque sottise !

Songe de taureaux qui bondissent, sans se battre : vous avez des ennemis, mais tous vos ennuis viendront de ce que vous ne savez pas maîtriser des sentiments trop violents et sans raison.

Etre poursuivi par un taureau annonce : une dispute avec un homme brutal.

Ce rêve peut également annoncer la visite d'un homme riche et puissant.

Songe de taureau calme et docile dans votre rêve : indique que les relations seront agréables avec la personne qu'il représente.

Songe de taureau et le terrasser prédit : une victoire sur votre adversaire.

Songe de taureau furieux dans votre rêve, prédit : un péril ou une menace de la part d'un supérieur.

Songe de taureau blessé : c'est l'annonce d'une perte de dignités.

Lutter en rêve contre un taureau indique : que vous voulez vous affirmer.

Songe de taureau et acheter un taureau en rêve : est un présage de dispute dans le foyer.

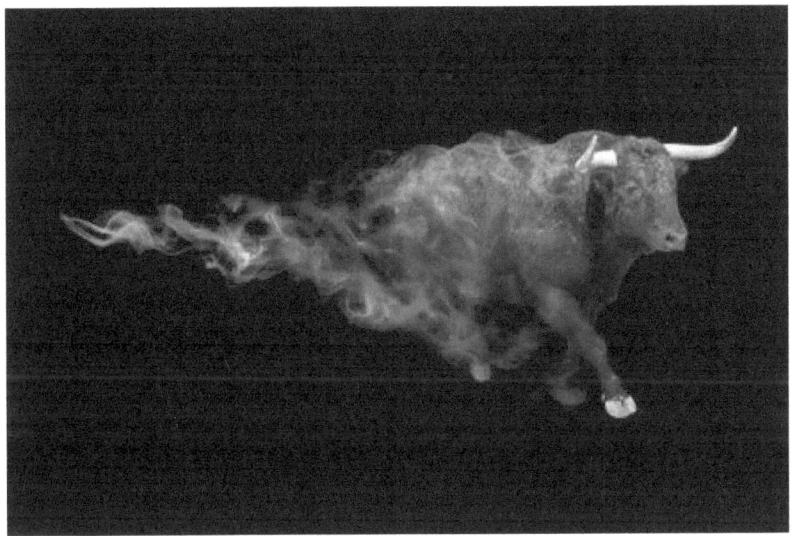

Songe de taxi

Songe de taxi signifie que vous ferez une course d'affaire.

Songe de taxi annonce qu'une personne qui vous aime vous aidera de façon désintéressée.

Prendre un taxi dans la journée en rêve signifie : qu'une excellente période pour les affaires va démarrer.

Voir un taxi la nuit dans votre rêve, annonce : une nouvelle rencontre amoureuse.

Songe de faire l'amour dans un taxi, indique : que vous briserez vos interdits.

Songe de taxi représente ou symbolise la chance et l'opportunité.

Songe de taxi et en voir annonce un voyage prochain.

Si vous cherchez un taxi dans votre rêve : cela signifie que vous rencontrerez un obstacle pour un voyage projeté.

Songe de taxi prédit qu'une opportunité se présentera à vous, il faudra saisir votre chance.

Ce rêve peut aussi signifier selon le contexte que quelqu'un profite de vous.

Songe de téléphone

Songe de téléphone portable révèle que recherchez de nouvelles informations, cela peut aussi représenter votre mobilité excessive.

Songe que vous avez égaré votre téléphone portable indique : une lacune dans vos communications avec les autres.

Songe de trouver un téléphone portable, symbolise : votre souhait de reprendre contact avec un ami ou une amie.

Songe de téléphone, en voir un ou en entendre un dans votre rêve, représente : une tentative de votre subconscient de vous transmettre un message, vous serez contraint de le décoder pour améliorer vos communications avec autrui.

Songe de téléphone et ne rien entendre dans l'écouteur : révèle que vous vous refermez sur vous-même ou que vous avez du mal à mettre de l'ordre dans vos pensées.

Songe de téléphone et refuser de répondre en rêve indique : un manque de communication de votre part vis à vis de votre entourage.

Songe de téléphone et l'entendre constamment : signifie que vous ne saisissez pas le message qu'une personne qui vous aime tente de vous faire parvenir.

Songe de téléphone et écouter en secret une conversation téléphonique d'une personne que vous connaissez : indique que vous avez un problème avec cette même personne.

Songe de téléphone et composer un mauvais numéro : révèle que vous éprouvez des difficultés à trouver des amitiés sincères.

Si on ne répond pas quand vous appelez en rêve, cela signifie : que vous avez dans votre entourage un faux ami.

Songe de télévision

Songe de télévision et si l'émission vous plaît : c'est de bon augure pour la suite de votre existence, mais si cela ne vous plaît pas, alors c'est qu'une personne tente de vous manipuler.

Songe de télévision annonce que vous recevrez une nouvelle impromptue, que vous comblera de plaisir.

Se voir à la télévision en rêve, indique : que vous voyez la vie du bon côté.

Si l'image est mauvaise, cela signifie : que vous commettrez une erreur.

Songe de tempête

Songe de tempête peut annoncer une querelle prochaine dans le ménage.

Etre blessé au cours d'une tempête de vent : est annonciateur de la disparition d'une personne que vous connaissez.

Selon le cas, signifie aussi un danger sans remède ou une amitié trompeuse.

Songe de tempête de mer annonce : de graves soucis.

Se voir seul en pleine tempête de neige signifie : menace imminente.

Une tempête qui détruit tout : est le signe qu'il faudra certainement abandonner une partie de ce que vous aimez dans votre vie.

Si elle est assortie de grêle, c'est un avertissement onirique, il faut que vous fassiez des économies, vous en aurez besoin.

Songe de tempête est un indice de désordre probable dans votre vie, au point de vue sentiment ou affaires. Annonce souvent un changement de situation.

Voir une tempête de sable en rêve signifie : faux amis ou fausses amies nuisibles.

Songe de tempête et s'il y a des éclairs : c'est de la réussite pour vous et si la tempête se calme peu à peu, vos tourments s'apaiseront de même, vos inquiétudes disparaitront et l'amour renaitra dans votre cœur.

En voir une en rêve peut révéler des désordres dans les affaires d'un autre, qui vous observe.

Observer une tempête tout en étant bien à l'abri signifie : que vous éviterez bien des dangers grâce à votre prévoyance.

Songe de testament

Le faire devant un notaire annonce : une perte d'argent.

Le signer comme témoin en rêve révèle : un désaccord familial.

Si un testament vous déshérite en rêve : cela peut signifier que votre orgueil dérange votre entourage.

A qui le fait : présage d'un projet dans l'avenir.

Le voir rédiger : on vous confiera une mission de confiance.

Dont l'ouverture a lieu sous vos yeux, annonce : une question inattendue qui se traitera dans l'étude d'un notaire.

Songe de testament et si vous faites votre testament en rêve : cela vous invite à la prévoyance, à prendre des dispositions réelles ; tout en vous assurant d'une existence heureuse et prolongée.

Ce rêve peut annoncer une maladie grave, mais non mortelle.

Prendre connaissance d'un testament en rêve : prédit un héritage, mais un malheur à la personne rédactrice du testament.

Songe de testament prédit un héritage prochain.

Songe de testament et le déchirer en rêve annonce : des querelles dans sa famille.

Ce rêve de testament peut signifier, préoccupations matérielles, complications.

En voir écrire un en sa faveur annonce : un revers de fortune.

Songe de tirage

Songe de tirage du loto signifie : que vous manquerez d'initiative dans une situation, inattendue.

Si vous organisez un tirage en rêve, annonce : que vous aurez bientôt des difficultés financières insolubles.

Songe de tirage au sort, indique que vous faites trop confiance aux autres.

Voir un tirage en rêve révèle la passivité du rêveur face à la vie.

Faire un tirage soi-même en rêve : indique que vous comptez sur une providence chimérique.

Songe de trou

Songe de trou et en voir un prédit : qu'on vous tirera d'un mauvais pas et vous l'oublierez vite.

Songe de trou dans le sol : pour un homme, est un signe de petit danger vu à temps, pour une femme, ce rêve annonce une contrariété.

Si vous êtes un militaire, il signifie : que vous trouverez des obstacles sur votre route.

Songe d'avoir des trous dans ses vêtements, annonce : une perte financière.

Songe de trou dans la dent : est un présage de problème de santé bénin.

Le rêve de trou dans un mur peut également annoncer : qu'un ami dévoué vous sauvera d'un grand danger et vous n'en serez pas reconnaissant.

Songe de trou, et creuser un trou en rêve : vous met en garde contre une imprudence que vous êtes sur le point d'accomplir.

Tomber dans un trou : est une menace ; il y a un danger pour vous ou encore une petite absence qui inquiétera vos parents.

Songe de trou et en sortir en rêve, annonce : que vous vaincrez, mais le succès ne vous viendra pas sans mal.

Voir une personne que vous connaissez tomber dans un trou, indique : que cette même personne souffre moralement et peut-être physiquement.

Songe de trou dans les cheveux, annonce : un événement problématique difficile à résoudre.

Songe de troupeau

Voir un troupeau en rêve révéler l'envie, la convoitise du rêveur.

Songe de troupeau a une signification basique, pour approfondir l'interprétation de votre rêve, voir au nom des animaux composant le troupeau. Voici deux exemples.

Songe de troupeau de chevaux : cela représente votre élévation sociale.

De bœufs : c'est la richesse et la prospérité.

Songe de troupeau et le regarder passer : souligne l'avarice du rêveur.

Se trouver au milieu d'un troupeau en rêve, indique : que votre caractère est emporté.

Ce rêve vous invite aussi à vous différenciez des autres.

Songe de troupeau est très bon rêve en général.

Si les troupeaux dans votre rêve vous appartiennent : c'est l'annonce de la richesse, de la prospérité.

Songe de troupeau et en être le gardien indique : que c'est par votre travail que vous acquerrez une grande aisance.

Voir des troupeaux seulement : est un bon présage pour vous, à la condition de ne pas vous abandonner à l'envie et à la jalousie.

Songe de troupeau et s'il s'enfuit : est un signe de tourment et de malheur.

Songe de tuer

Songe de tuer un animal signifie : que vos ennemis ne pourront rien sur vous ou c'est le triomphe sur les ennemis qu'on peut avoir.

Si vous tuez un ami en rêve : c'est annonciateur de santé délicate.

Un être humain : vos sautes d'humeur proviennent d'un caractère fantasque et vous pousseront à des excès parfois bien regrettables.

Songe de tuer sa mère ou son père : et d'une catastrophe qui s'abattra sur vous et votre famille.

Songe de tuer indique souvent que le rêveur vit une situation difficile qu'il est sur le point de perdre patience, il a du mal à se contrôler, une colère gronde en lui et il ne peut l'extérioriser.

Songe de tuer révèle que vous êtes prêt à tout pour réussir, si vous tuez par jalousie dans votre rêve cela signifie que vos peurs ne sont aucunement fondées.

Songe de tuer parce qu'on vous attaque annonce : qu'une personne de votre entourage va bientôt vous trahir.

Songe de tuer un enfant indique : que vous avez trop de responsabilités à assumer.

Songe de tuer pour le plaisir en rêve annonce : une affaire difficile.

Songe de tuer un cambrioleur indique : que votre comportement est trop stricte vis à vis de vos proches.

Tuer une femme ou sa copine en rêve signifie : que vous avez peur d'être inférieur aux autres.

Songe de tuer son frère ou sa sœur, signifie : que vous vous déshonorerez par une action coupable.

Songe de tuer son ex signifie : amitié faussée dont vous vous rendrez compte à temps.

Songe de tuer des gens : c'est une menace pour vous ; il faut conserver une conscience scrupuleuse si vous ne voulez pas avoir les plus grands ennuis.

Etre tué en rêve : est un signe de chance.

Songe de tulipe

Cueillir des tulipes en rêve, annonce : des changements.

En acheter, prédit : une rencontre sentimentale.

Dans un mauvais rêve cela peut annoncer une chute dangereuse pour votre vertu.

Songe de tulipe rouge fanée, indique : des remords.

Songe de tulipe est un rêve intéressant, si vous voyez la tulipe en oignon : c'est que vous avez en vous des possibilités qui ne peuvent se révéler que par le travail et le courage et qui vous donneront du bonheur dans la vie.

Songe de tulipe est signe de bonheur, plus la fleur est belle : plus le bonheur est grand.

Ce rêve peut indiquer une déclaration d'un jeune homme timide.

Songe de tulipe et en voir une : en voir peut révéler chez le rêveur un aveuglement d'esprit.

Songe de tulipe et en cultiver en rêve signifie : doux espoir.

Offrir des tulipes en rêve votre conjoint : est fidèle et vertueux.

C'est aussi le signe d'un amour d'une personne riche et orgueilleuse.

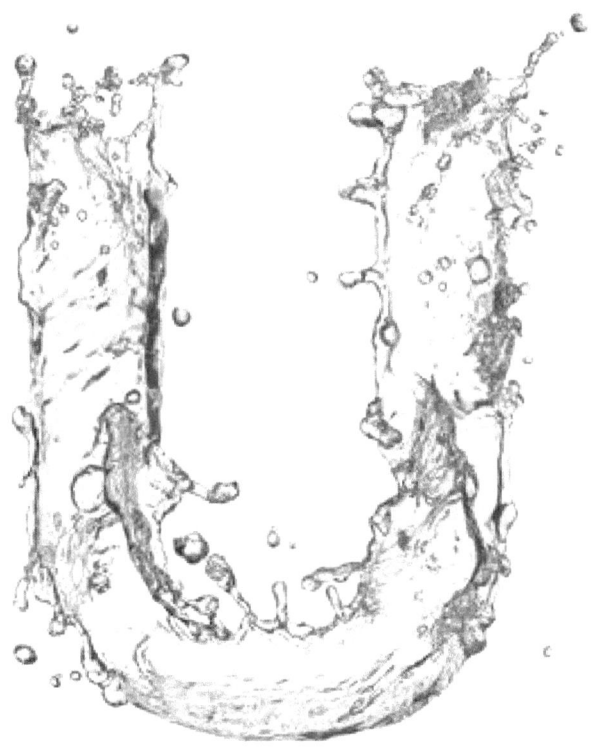

Songe d'ulcère

Un ulcère qui vous fait souffrir dans un rêve symbolise l'angoisse, l'inquiétude, les soucis, les points faibles, les souffrances physiques, psychiques, morales ou sentimentales.

Songe d'avoir un ulcère signifie : que vous éprouvez certaines difficultés émotionnelles.

Vous ressentez une douleur sentimentale que vous n'arrivez pas à surmonter.

Il s'agit peut-être d'une blessure amoureuse, d'une amitié trahie, d'un manque d'amour de la part d'un proche.

Songe de souffrir d'un ulcère peut signifier : également que vous passez dans votre vie à une autre étape, mais ce passage est accompagné de souffrance ou de peine.

Songe d'un ulcère peut signifier également que vous avez tendance à trop vous inquiéter des choses que vous ne contrôlez pas.

L'imprévu vous stresse au plus haut point. Vous aimeriez pouvoir tout prévoir et préparer.

Vous devriez reconnaître ce problème et apprendre à maîtriser votre angoisse.

Songe d'uniforme

Songe d'uniforme et le porter : est présage de puissance.

Ce rêve peut prédire un départ prochain.

Vendre un uniforme en rêve annonce : un problème dans vos affaires.

Selon le contexte, l'uniforme, en rêve, peut dénoter l'orgueil et la vanité.

Qui dit "uniforme" dit "service" et "obéissance".

Dans les rêves, nous sommes au service de notre Moi.

Notre Moi est notre supérieur, notre chef inconscient.

Très souvent, les rêves d'uniforme nous rappellent à certains de nos devoirs envers nous-même.

Ils nous disent " Tu n'es pas seul dans le monde, mais tu dois parfois "uniformiser" tes actes, afin de vivre mieux en société".

Les rêves d'uniforme nous "mettent au pas" ; ils rejoignent les rêves montrant des policiers.

Songe d'uniforme et se voir en rêve en uniforme : est souvent le présage d'un changement de situation pour une meilleure orientation.

S'il est orné d'insignes, de médailles, de décorations, l'augure : est tout à fait bon, et vous êtes en voie de réussir brillamment.

Songe de salir un uniforme présage : du déshonneur.

Songe de univers

Songe d'univers étoilé : vos projets aboutiront à la hauteur de vos espérances.

Voir un magnifique univers en rêve signifie : que vous allez vivre une période faste.

Songe d'univers est un signe de voyage vers un pays lointain et d'espérances.

Voir un univers la nuit indique : vous vivrez bientôt un événement inattendu.

Songe d'un univers inconnu signifie : que vous vivrez un soulagement en rapport avec une histoire qui compliquait votre existence.

Songe d'université

Songe d'université et voir des jeunes s'y rendre indique : qu'une faute sera commise par vous dans une relation amoureuse.

Voir des inconnus dans une université en rêve annonce : des retrouvailles amicales.

Songe d'université annonce : la réussite d'un de vos projets, grâce à l'appui d'une personne d'expérience.

Songe d'université prédit : une rencontre amoureuse.

Voir une université et y aller annonce : un mensonge sentimental.

Ce rêve représente aussi, la soif très grande de perfectionner vos connaissances intellectuelles.

Vous trouverez ce que vous cherchez.

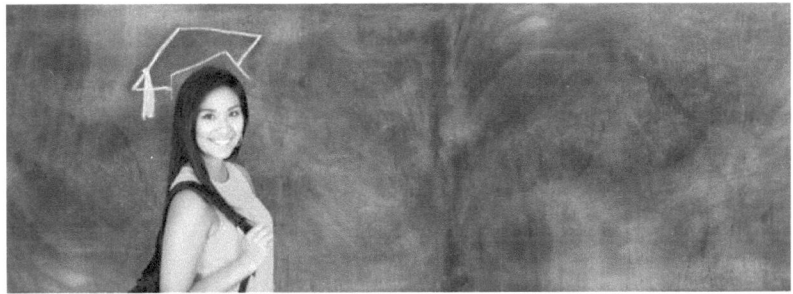

Songe d'usine

Songe d'usine indique parfois qu'il y a nécessité d'une vie active.

Songe d'usine pleine d'ouvriers annonce : que votre activité débordante vous assurera le succès.

Songe d'usine et Songe que vous travaillez dans une usine signifie : succès professionnels.

Songe d'usine avec de grandes cheminées prédit : une bonne rémunération.

Songe d'usine et faire fonctionner une usine en rêve prédit : la réussite.

Songe d'usine en activité est signe : de richesse et de réussite dans les affaires.

Songe d'usine vide : vous êtes en danger de difficultés matérielles ; le travail vous manquera ou vos entreprises menacent de péricliter.

Il vous faut faire de grands efforts et ne pas perdre courage.

Songe d'usine en ruine ou abandonnée est présage : de mauvaises affaires.

Bonjour et merci de me suivre à travers mon ouvrage peut-être connaissait vous aussi mon travail sur mes sites et sur les différents blogs et site web de mes partenaires.

Au début j'ai voulu faire un ouvrage qui se voulez simple et concis sur les rêves avec :

« La symbolique des rêves en songe ».

Pour tous vous dire ça n'a pas été simple du tout !

Je ne pouvais pas mètre tout ce que on voie dans les rêve avec des explication compliquer.

J'ai donc donne les rêves principaux les plus important par ordre alphabétique.

Il ne me reste plus que les lettre v, w, x, y, z ; donc « La symbolique des rêves en songe Tome 6 », sera le dernier.

J'ai aussi créé une autre version de cet ouvrage, la même m'est en noir et blanc pour la faire moins chère :

Interprétations des rêves en songes volume 1: NOIR ET BLAN

Car mon imprimer Bod demander plus chère pour la couleur.

Il y a aussi des vendeurs qui commence à vendre mon tome 1 et 2 à trois fois leur prix, **si vous désirée les obtenir à prix bat** vous pouvez trouver le tome 1 papier sur mon site :

Poyet Karine

Pour le tomme 2 vous pouvez le commander sur mon site aussi le délai d'attente et plus long pour ce dernier, car je dois le faire réimprimée, pour que vous l'obtenait à bas prix.

J'ai aussi créé d'autre ouvrage :

LIRE LE MARC DE CAFÈ LA CAFÈDOMANCIE

Europa sont propriétaire Lampert Alexandre

Pluton sont propriétaire (Pluto)

Vous pouvez me trouvez sous le nom de [Karine Poyet](#) un inversement du au revendeur de livre.

Je pense avoir fait le tour pour finir une liste de quelque site que j'ai construit.

[Alex.Conseil](#)

Pierre Horn

Association Pierre Horn

Changer-de-vie.site